Mort à la tour Eiffel

Marie-Claire Lohéac-Wieders
Volker Borbein

Mort à la
tour Eiffel

Activités par
Marie-Claire Lohéac-Wieders
Volker Borbein
Laure Boivin

Ernst Klett Sprachen
Stuttgart

1. Auflage   1   ⁶ ⁵ ⁴ ³ ² | 2023 22 21 20 19

Alle Drucke dieser Auflage sind unverändert und können im Unterricht nebeneinander verwendet werden.
Die letzte Zahl bezeichnet das Jahr des Druckes. Das Werk und seine Teile sind urheberrechtlich geschützt. Jede Nutzung in anderen als den gesetzlich zugelassenen Fällen bedarf der vorherigen schriftlichen Einwilligung des Verlags.

Zeichnungen: Bruno Conquet

Redaktion: Laure Boivin (externe Mitarbeiterin)
Layoutkonzeption: Andreas Drabarek
Gestaltung und Satz: Satzkasten, Stuttgart
Umschlaggestaltung: Andreas Drabarek
Titelbild: Bruno Conquet
Druck und Bindung: Elanders GmbH, Waiblingen
Printed in Germany

ISBN 978-3-12-607020-1

Table des matières

Zu diesem Buch gibt es eine Hörfassung sowie Lösungen zu den Aktivitäten die mit der Klett-Augmented-App geladen und abgespielt werden können.

| Klett-Augmented-App kostenlos downloaden und installieren | App auf Smartphone oder Tablet öffnen und Cover auswählen | Kamera des Smartphones oder Tablets über diese Seite halten und komplett scannen | Die Medien-dateien laden, direkt abspielen oder für Offline-Nutzung speichern |

Vorwort

Liebe Leserinnen und Leser,

Sie werden Ihren ersten Krimi auf Französisch lesen.

An einem spätsommerlichen Abend in Paris. Zwei Frauen gehen am Seine-Ufer entlang. Am nächsten Tag wird eine Leiche an das Ufer gespült.
Kommissar Sétout ermittelt …

Diese spannende Geschichte kommt aber nicht ohne einige Vokabeln aus, die Sie vielleicht noch nicht kennen und die jeweils am Seitenende erläutert werden.

Damit Sie sich aktiv mit dem Inhalt dieser Lektüre auseinandersetzen können, werden Ihnen Aktivitäten zu jedem Kapitel der Lektüre ab S. 34 angeboten. Diese prüfen sowohl die Kompetenzen des Lese- als auch die des Hörverstehens.

Die Hörfassung 🎧 der Lektüre sowie die Lösungen 🗒
der Aktivitäten stehen Ihnen zum Herunterladen auf Ihrem Smartphone oder Tablet zur Verfügung: Laden Sie bitte dafür vorab die Klett-Augmented-App kostenlos im App Store oder auf Google Play herunter.
Der weitere Vorgang wird auf Seite 5 veranschaulicht.

Und nun viel Spaß beim Lesen und Zuhören!

Les personnages

Mélanie Cotine, professeure d'allemand à Paris

Johnny Cotine, mari de Mélanie ; architecte d'intérieur et fan d'Elvis Presley ; apparemment tolérant

Fleur Bon, mère et femme jalouse

Richard Bon, professeur d'allemand et collègue de Mélanie Cotine ; aime les femmes

Marc Sétout, commissaire

Jean Tipote, assistant du commissaire Sétout

Patience Dange, compagne de Marc Sétout

Edmée Thadone, étudiant ; beau jeune homme ; cache un secret

Lieu de l'action
Paris, sur les bords de Seine, entre la tour Eiffel et le Pont-Neuf

Temps de l'action
À la fin de l'été

Chapitre I

– Allô, Fleur ? C'est Mélanie Cotine.

– Oui, bonjour, dit Fleur d'un ton sec.

Elle n'aime pas que les collègues de son mari appellent à la maison.

– *Excuchez*-moi de vous déranger, je voulais vous parler…, explique Mélanie.

Elle chuinte un peu.

– Je crois que nous n'avons rien à nous dire. Laissez mon mari en paix et moi avec.

Fleur reste toujours aussi sèche.

– Je voudrais qu'on se rencontre samedi, après l'école, si vous voulez. Vous êtes d'accord ?

Fleur n'est pas vraiment décidée :

– Je ne vois pas pourquoi. Je veux vivre tranquillement avec mon mari.

– C'est pour cela que nous avons besoin d'une explication. Le Champ-de-Mars est superbe en ce moment…

Mélanie insiste. Fleur est curieuse. Elle accepte sans trop savoir pourquoi et propose un rendez-vous pour le samedi suivant, à 20 heures.

Le samedi venu, elle décide d'aller à pied au rendez-vous. Elle a le temps, ses enfants sont chez des amis. Elle arrive en avance pour observer sa rivale avec précision. Elle s'installe sur les marches du pilier sud de la tour Eiffel. Mélanie arrive avec quelques minutes de retard.

– *Excuchez-moi*, *che* suis un peu en retard, *ch'ai* eu quelques problèmes, *che chuis* tellement énervée.

Elle chuinte encore plus que d'habitude.

---

3 **sec, sèche** trocken | 8 **chuinter** prononcer [s] comme [ʃ] | 25 **un pilier** Säule

– Alors, qu'est-ce que vous voulez absolument me dire ?

Mélanie ne répond pas à la question et propose une promenade sur les quais de la Seine. En ce moment, elle est très haute, mais les bateaux-mouches peuvent encore circuler et le paysage est superbe.

– Je voudrais vous proposer un modus vivendi. Voilà, je veux continuer à voir Richard. Alors je vous propose de nous laisser aller au cinéma voir des films en version originale ou à des expositions sur l'Allemagne ou sur l'Autriche… Ça ne vous intéresse pas et, en plus, vous ne comprenez pas l'allemand. On sort juste entre collègues d'allemand. Tout ça, bien sûr, entièrement platonique.

Mélanie est satisfaite, elle a tout dit d'un coup.

– Non, mais je rêve ! Vous me proposez un ménage à trois. Moi, je suis Cendrillon, je fais la baby-sitter pendant que vous faites la princesse avec *mon mari*. Eh bien, non, je ne le partage pas. Alors prenez-le et gardez-le.

Fleur fait demi-tour.

– Mais vous n'avez rien compris : je vous laisse votre mari, je sors juste avec lui quand j'en ai envie. Je l'ai déjà fait avec d'autres hommes. Ça fonctionne très bien, explique Mélanie.

– C'est Richard qui vous a demandé de me proposer une horreur pareille ?

Tout cela n'est pas compatible avec la morale catholique de Fleur.

– Non, c'est moi toute seule, il ne le sait même pas. Il ne veut plus avoir de relation avec moi, mais je ne veux pas. J'adore la compagnie des hommes. Alors, j'ai décidé de vous faire cette proposition très franche et je pense qu'entre femmes nous pouvons être solidaires.

---

4 **un bateau-mouche** Schiff für die Rundfahrt auf der Seine | 12 **tout… d'un coup** alles auf einmal | 13 **un ménage à trois** Dreier-Beziehung | 14 **Cendrillon** Aschenputtel | 15 **partager** teilen | 17 **faire demi-tour** umkehren | 28 **franc, franche** offen und ehrlich

Fleur continue à marcher droit devant elle, sans mot dire, les yeux perdus dans cette Seine, d'habitude si romantique.

Chapitre II

Fleur a du mal à respirer, elle étouffe. Elle pose sa main droite sur son cœur. Elle devient toute blanche, elle a chaud et froid en même temps. Un homme passe, ça sent une odeur bizarre, le médicament, elle ne sait pas trop. Mille et une pensées lui traversent la tête : les années passées avec son mari et les enfants, les problèmes financiers et les premières réussites.

Peu à peu, elle se calme, met de l'ordre dans ses idées. Elle regarde Mélanie à côté d'elle. Des sentiments confus remontent en Fleur : la jalousie, l'amour propre blessé et oui, c'est vrai, la vengeance. Fleur ne veut prendre aucun risque, ne rien laisser au hasard. Elle veut se défendre et protéger sa famille. Une idée prend forme dans sa tête. Elle sourit. Bonsoir, Lady Macbeth.

– Réfléchissons à cette situation délicate. Ça vous dirait une promenade en bateau-mouche ? demande-t-elle à Mélanie.

Mélanie accepte. Le jeune homme repasse, il sent la clinique.

– Je connais le parfum Opium de Saint-Laurent, mais ce parfum-là sent le médicament, vous ne trouvez pas, Fleur ? demande Mélanie pour détendre l'atmosphère.

---

2 **étouffer** ersticken | 7 **une réussite** Erfolg | 10 **la vengeance** Rache

Il est 21 heures. La lune disparaît derrière les nuages. Un vent léger souffle. La Seine s'endort, le bruit des moteurs des bateaux-mouches la berce.

Mélanie et Fleur restent dehors sur le bateau. Elles ne parlent pas. Elles se concentrent sur ce qu'elles vont se dire dans quelques instants.

Elles n'entendent pas le capitaine expliquer aux touristes les curiosités de la ville de Paris, elles ne voient pas les monuments historiques illuminés par les projecteurs du bateau.

Fleur interrompt le silence : « Dites-moi… » Elle ne peut pas terminer sa phrase : un énorme choc se produit, puis toutes les lumières du bateau s'éteignent, il n'y a plus d'électricité. On entend des cris de panique, ensuite, plus rien sauf le bruit de quelque chose qui tombe dans l'eau. Silence total. Tout cela ne dure pas longtemps. Quand la lumière revient, Mélanie et Fleur ne sont plus là.

---

2 **souffler** blasen | 3 **bercer** wiegen | 4 **dehors** draußen | 9 **un projecteur** Scheinwerfer | 12 **s'éteindre** ausgehen

🎧 Chapitre III

Le commissaire Marc Sétout et sa petite amie Patience regardent un film de Columbo, leur héros préféré. Le téléphone sonne. Patience décroche.

– Allô, oui ?

– Jean Tipote à l'appareil. Excusez-moi de vous déranger, Madame, je voudrais parler au commissaire Sétout, s'il vous plaît.

– Ne quittez pas, je vous le passe… Marc, c'est pour toi, ton collègue.

Marc se lève pour répondre, remonte ses lunettes et prend l'appareil.

– Allô, Jean, quoi de neuf ? Un cadavre… entre le pont d'Iéna et le pont de l'Alma… oui, j'arrive.

Il raccroche. Patience a compris. Elle va encore rester toute seule. Elle n'est pas contente. Pourquoi est-elle allée manger dans ce restaurant, Au Moulin-à-Vent, justement le jour où il y a eu un meurtre ? C'est là qu'elle a connu cet homme grand et maigre, un peu ridicule avec sa perruque, toujours habillé d'une chemise, d'une cravate et d'un pull. Il est fan d'Astérix et Obélix.

Marc embrasse sa petite amie et prend son imper beige.

– J'y vais, mon amour. Le devoir m'appelle.

– La vie avec toi n'est pas ennuyeuse, mais ce n'est pas une petite vie de famille tranquille.

Sétout ne répond pas et sort. Il est déjà concentré sur son travail. Il prend le métro et descend à la station Trocadéro. Il arrive sur les bords de la Seine où ses collègues l'attendent déjà.

– Il est là depuis quand, ce cadavre ? demande Sétout.

– Vous voulez dire, elle est là depuis quand ? répond le collègue.

– C'est une femme ! Et pourquoi est-elle là ?

– Parce qu'elle est morte ! répond le collègue avec humour.

– Très spirituel, surtout très original. Résumez-moi rapidement ce que vous savez déjà.

– Très facile, très rapide, commissaire. La Seine l'a rejetée ici, sur les marches du quai. Elle a entre trente et quarante ans. C'est peut-être un suicide. Rien n'a l'air anormal. Elle est bien habillée. On a retrouvé son sac à main, là, sur les marches aussi, mais on n'a pas encore regardé dedans. Et puis, elle n'a qu'une chaussure. Voilà, chef, c'est tout. C'est assez résumé et assez rapide ?

– Merci. Envoyez le corps à l'autopsie. Regardez s'il y a des signalements de personnes disparues qui correspondent à cette femme.

Les ordres de Sétout sont dits très rapidement. Au début d'une enquête, c'est toujours la même chose.

– Je veux voir ses papiers.

Le commissaire prend le sac de la victime. Il est plein d'eau. Il trouve un mascara, un peigne, un vaporisateur de parfum, un stylo, les restes d'un kleenex, un papier avec un numéro de téléphone peu lisible et une date, puis enfin, en très mauvais état, la carte d'identité. Il déchiffre le nom et l'adresse de la femme.

Chapitre IV

Sétout doit annoncer la nouvelle au mari de la victime. Avant de sonner, il lit sur la porte : M. et Mme Johnny Cotine. « C'est bien là. » pense-t-il.

5 — Bonjour, Monsieur, police judiciaire.

Marc Sétout présente sa carte.

— Vous êtes bien Monsieur Cotine, Jean ?

— Oui, mais on m'appelle Johnny. Qu'est-ce qu'il y a ?

— On peut entrer ?

10 — Oui, si ça ne dure pas trop longtemps, j'ai un rendez-vous dans quelques minutes, répond Johnny Cotine.

— Non, ça va être très rapide, dit le commissaire.

— Mélanie Gaude, épouse Cotine, c'est bien votre femme ?

— Bien sûr. Où est-elle ? Elle n'est pas rentrée cette nuit.

15 — J'ai une mauvaise nouvelle à vous annoncer : nous avons retrouvé son corps dans la Seine ce matin.

Sétout observe cet homme bizarre. Il est grand, habillé comme dans les années 60, il ressemble à Elvis Presley.

— Je vous présente mes sincères condoléances, Monsieur.

20 Il lui tend une main amicale. Johnny Cotine remercie et demande doucement :

— C'est un accident ? Vous êtes sûr que c'est elle ?

Sétout ne répond pas, il voudrait poser quelques questions.

— Votre femme a eu à un moment ou à un autre des tendances 25 suicidaires ?

— Vous pensez à un suicide, pas à un accident !

— Je ne pense à rien, mais, vous savez, les accidents sur et dans la Seine sont très rares.

— Ma femme est très heureuse. Elle n'a pas de raison de se suici-30 der, dit seulement Johnny.

Sétout remarque que Johnny parle au présent de sa femme.

– Vous voulez dire qu'elle était heureuse et qu'elle n'avait pas l'intention de se suicider ? Alors, si ce n'est pas un suicide, pas un accident…

– …

– Bon, vous pouvez venir reconnaître le corps avant l'autopsie ? Si votre rendez-vous est urgent, venez juste après, propose le commissaire.

– Vous pouvez m'accompagner ? Je ne suis pas capable de conduire. J'annule mon rendez-vous tout de suite.

Sétout est satisfait. Il aime régler les choses rapidement. Pendant le trajet, il pose beaucoup de questions à Johnny.

– Vous vous êtes mariés quand ? Par amour ? Parlez-moi de votre femme et de votre couple.

– Nous nous sommes mariés il y a dix-huit ans, par amour, et parce que Mélanie était enceinte. On est un couple uni, mais chacun est libre et indépendant.

Quelques minutes plus tard, ils sont déjà dehors. Johnny Cotine pleure comme un petit enfant. Il a reconnu sa femme. Il a espéré jusqu'au dernier moment, mais… Sétout dépose Cotine devant chez lui et repart pour interroger les amis et collègues de Mélanie et de Johnny.

Les amis du couple parlent très positivement de Jean, architecte d'intérieur très talentueux, qu'ils appellent tous Johnny parce que Jean fait très démodé et que Johnny fait plus cool, plus rocker. Ils parlent aussi de sa passion des années 60, de sa vie privée un peu bohème et de ses différentes liaisons avec ses dessinatrices ou ses secrétaires.

Sétout a fait des recherches : le numéro trouvé dans le sac de Mélanie est le numéro de téléphone de la famille Bon. Il lui rend visite.

---

12 **un trajet** Strecke | 16 **enceinte** schwanger | 27 **une dessinatrice** Zeichnerin

🎧 Chapitre V

Fleur Bon est surprise de voir la police chez elle.

– Madame, vous connaissez Mélanie Cotine ?

– C'est une collègue de mon mari.

5 – Madame Bon, je voudrais vous poser quelques questions de routine sur Mélanie Cotine. Nous cherchons à comprendre son décès.

– Son décès ? Mélanie est morte ? C'est vrai ?

Elle s'assied. Sétout commence son interrogatoire. Très ner-
10 veuse, elle ne comprend pas les questions du commissaire qu'il doit toujours poser plusieurs fois.

– Alors, Madame Bon, insiste le commissaire, quand avez-vous vu votre amie pour la dernière fois ?

– Elle n'a jamais été mon amie.

15 – Répondez à ma question ! insiste le commissaire.

– Je vous ai répondu, cette femme n'est pas mon amie. Elle est morte. Tant mieux !

– Madame Bon, quand avez-vous vu Madame Cotine pour la dernière fois ?

20 – Vous appelez cette femme Madame, c'est loin d'être une dame.

Sétout s'énerve.

– Je l'ai vue hier au soir.

– Et pourquoi ce rendez-vous si Mélanie n'est pas votre amie ?
25 s'étonne Sétout.

– Mélanie a essayé de séduire Richard, mon mari, mais cela n'a pas marché, alors, hier, elle m'a demandé de faire ménage à trois, et j'ai refusé.

---

7 **le décès** Tod | 9 **un interrogatoire** Verhör | 17 **Tant mieux !** Es trifft sich gut! | 26 **séduire** verführen

– Votre mari était d'accord ?

Sétout remonte ses chaussettes qui ont des motifs d'Obélix et Idéfix. C'est un tic quand il est concentré.

– Non, il est revenu chez nous. Juste le démon de midi, comme on dit, ou sa *midlife crisis*, comme disent les Anglo-Saxons.

– Bon, d'accord. Et quand l'avez-vous quittée ?

– Nous nous sommes séparées après une promenade en bateau-mouche. Le bateau a eu un léger accident et nous n'avons pas fini la visite.

– Vous n'avez rien remarqué de spécial concernant Mélanie ?

– Oh si !

– Eh bien quoi, Madame ?

Sétout est très intéressé.

– Qu'elle est vraiment laide, peu intelligente, sans morale aucune, dit Fleur avec élan.

– C'est tout ? demande le commissaire de plus en plus étonné.

– Ça ne suffit pas, autant de défauts pour la même personne ?

– Si, Madame, vous avez raison.

Le commissaire sourit en lui-même, se lève, dit au revoir et merci à Fleur, puis part. Il a une petite idée.

---

14 **laid, laide** hässlich | 17 **un défaut** Fehler

Chapitre VI

– Quels sont les résultats de l'autopsie ? demande Sétout à son assistant Jean Tipote.

– D'après le médecin légiste, le décès de Madame Cotine se situe entre 22 et 22 heures 30. Elle a un hématome au cou, mais la cause du décès est la noyade.

– Ah bon ? Vous avez déjà votre théorie, Tipote ?

– Oui. On a frappé la victime. C'est une blessure qui n'exige pas beaucoup de force : l'agresseur peut être une femme.

– Tipote, soyez plus clair. Vous pensez à Madame Bon, n'est-ce pas ?

– Pourquoi pas ? Elle a un motif. Elle déteste Madame Cotine, qui est une concurrente et un danger pour sa famille. En plus, les deux femmes se sont rencontrées samedi soir.

– C'est vrai. Vérifions encore une fois l'alibi de Fleur. Mais mon cher Tipote, le mari de Mélanie Cotine, lui aussi, a un motif très plausible. L'amour blessé d'un homme qui, malgré ses opinions libérales sur la vie de couple, n'accepte pas que sa femme le trompe. Qu'a-t-il fait samedi soir ? Alors, vous voyez, Tipote, Madame Bon et Monsieur Cotine sont plus que suspects. Occupons-nous sérieusement de ces deux-là. Ne perdons pas de temps. Occupez-vous aussi de cette enveloppe au nom et à l'adresse de Edmée Thadone qu'on a trouvée dans la poche de Madame Cotine. Convoquons-le pour demain. Je suis très curieux de connaître les rapports qui existent entre lui et Madame Cotine, dit d'un ton pensif Sétout.

– D'accord, commissaire.

---

4 **un médecin légiste** Gerichtsmediziner | 6 **une noyade** Ertrinken | 8 **frapper** schlagen | 18 **tromper** betrügen | 20 **être suspect, suspecte** verdächtigt sein | 22 **une enveloppe** Umschlag | 23 **convoquer qn** jdn bestellen | 24 **un rapport** Zusammenhang

Chapitre VII

– Monsieur, la webcam filme l'interrogatoire, vous le savez, c'est la loi.

– Bien sûr, Monsieur le commissaire. Pas de problème.

– Alors, commençons.

Nous sommes le jeudi 14 septembre, il est 19 heures 30. Dans la salle d'interrogatoire sont présents Monsieur Edmée Thadone, Jean Tipote et le commissaire Sétout.

– Donnez-moi d'abord votre nom, votre adresse et votre profession.

Le petit bureau aux murs blancs, sans fenêtre, est éclairé par des néons. Il y a une table avec une carafe d'eau et trois verres dessus et quatre chaises autour.

– Je m'appelle Edmée Thadone. Mes copains m'appellent Iti, vous connaissez E.T. ?

– …

– J'ai 19 ans. Je suis étudiant en sociologie. J'habite chez mon père, 16 rue Ribéra, dans le XVIe arrondissement.

Une drôle d'odeur se dégage de E.T. Ça sent comme dans une salle d'opération.

– Je peux fumer ?

Sétout accepte volontiers. Le tabac sent meilleur que E.T. Le commissaire regarde Edmée Thadone allumer sa cigarette. E.T. est grand, sportif, avec des cheveux noirs et des yeux bruns. Sétout éprouve de la sympathie pour ce beau gosse. Un détail dérange le commissaire : les yeux de E.T. Son regard est vague. Sétout comprend son surnom d'extraterrestre.

---

19 **se dégager** *ici :* entstehen | 25 **éprouver** empfinden | 25 **un beau gosse** *fam* gut aussehender Kerl

L'inspecteur Tipote tousse. Il attend les questions de son chef.

– Monsieur Thadone, qu'est-ce que vous avez fait samedi ?

– Samedi ? Attendez, laissez-moi réfléchir. Samedi ? Ah oui, j'y suis, c'est ça, je m'en souviens. Comme je me suis couché très tard vendredi, je me suis levé vers midi, samedi. Ensuite, je suis allé à la FNAC pour acheter un livre. Je suis rentré à la maison

---

1 **tousser** husten

vers 15 heures, je me suis d'abord recouché, puis après, comme le temps était beau, je me suis promené le soir sur les quais de la Seine. Voilà.

– Votre père peut confirmer votre emploi du temps ?

– Non, actuellement il est en voyage d'affaires.

– Le soir, vous vous êtes promené seul ?

– Oui, j'étais seul.

– Vous avez rencontré des gens qui vous ont vu ?

– Non, je ne pense pas. Tous mes amis partent le week-end.

– C'est bizarre un jeune homme qui passe son week-end tout seul. Bien, pour le moment laissons tomber votre emploi du temps. Parlons d'autre chose, dit Sétout à E.T.

Dans la salle d'interrogatoire, on entend quelques mouches voler. L'heure de la vérité approche. Il est 21 heures.

Chapitre VIII

Le commissaire Sétout se lève. Il sort un papier délavé de sa poche et le pose sur la table. Il s'assoit et continue à fixer E.T. Il lui demande d'un ton sec :

5 — Cette vieille enveloppe avec vos nom et adresse et ce mot Caudéline, ça vous dit quelque chose ?

Des perles de sueur coulent sur le visage de E.T. Il commence à trembler. Il pose les deux mains sur la table.

— C'est un médicament à la codéine, c'est comme de la mor-
10 phine, ça me calme. Vous ne pouvez pas vous imaginer l'ambiance à la maison. Mon père n'accepte que la réussite. Depuis que ma mère nous a quittés, il y a deux ans, mon père est encore plus sévère avec moi.

E.T. n'arrête plus de parler. Il pleure. Le commissaire écoute,
15 puis dit :

— La drogue, c'est votre problème. Ça ne m'intéresse pas. Je mène l'enquête sur la mort de Mélanie Cotine.

— On a trouvé cette enveloppe dans la poche de Madame Cotine. Des témoins vous ont vu auprès d'elle. Vous avez tout intérêt à dire
20 la vérité, ici et tout de suite. Monsieur Thadone, je vous demande : où étiez-vous au moment de sa mort ?

Sûr de lui, puisque le problème de la drogue est réglé, E.T. répond :

---

2 **délavé, délavée** verwaschen | 7 **une perle de sueur** f Schweißtropfen | 8 **trembler** zittern | 10 **l'ambiance** f Stimmung | 19 **un témoin** Zeuge

– Mais à 22 heures, j'étais déjà chez moi.

– Mais comment savez-vous l'heure du meurtre, je ne vous l'ai pas dite ?

E.T. se mord les lèvres. Il en a trop dit. Il vient de faire une faute idiote, impardonnable, irréparable.

Et sous le choc de son aveu involontaire, il raconte ce qui s'est passé.

5 **impardonnable** unverzeihlich (→ pardon) | 6 **un aveu** Geständnis

Chapitre IX

– Samedi, pendant ma promenade sur les quais de la Seine, j'étais en manque, j'ai vomi, alors je me suis frictionné au camphre, je fais ça plusieurs fois par jour pour me stimuler. D'habitude, ça m'aide, mais pas cette fois-ci. J'ai perdu connaissance. Après, j'ai cherché mes médicaments mais plus rien : plus de comprimés, plus de sirop. On me connaît dans les pharmacies du quartier et on ne veut plus m'en vendre. J'ai vu alors une dame devant moi. J'ai vite écrit Caudéline sur une enveloppe que j'avais dans ma poche et j'ai dit : « Excusez-moi, Madame, pourriez-vous aller à la prochaine pharmacie pour m'acheter ce médicament dont j'ai besoin d'urgence ? Je n'ai plus la force d'y aller. » J'ai mis l'enveloppe avec le nom du médicament Caudéline dans sa poche. La dame a refusé. « Madame, c'est une question de vie ou de mort. » « Non ! » Elle a bougé le bras droit, peut-être pour enlever l'enveloppe de sa poche, mais j'ai eu peur. Et puis, tout s'est passé très vite. Je l'ai touchée au cou, elle est tombée par terre. J'ai été pris de panique. Je l'ai poussée dans la Seine et j'ai pris la fuite. Quand je me suis réveillé à la maison, j'ai pensé : Edmée, tu as fait un cauchemar.

Dans la salle d'interrogatoire, on entend toujours le battement des ailes des mouches. Le commissaire Sétout dit :

– Monsieur Thadone, vous êtes en état d'arrestation pour coups et blessures ayant entraîné la mort sans intention de la donner sur la personne de Madame Mélanie Cotine.

Sétout se lève, plisse le nez pour remonter ses lunettes, dit au revoir et quitte le bureau.

À la maison, Patience regarde un film vidéo.

---

3 **être en manque** Entzugserscheinungen haben | 3 **vomir** brechen | 3 **se frictionner** sich einreiben | 6 **un comprimé** Tablette | 15 **bouger** bewegen | 17 **pousser qc/qn** etw/jdn schubsen | 18 **prendre la fuite** flüchten | 19 **un cauchemar** Albtraum | 20 **le battement d'une aile** Flügelschlag | 23 **la mort sans intention de la donner** fahrlässige Tötung | 25 **plisser** runzeln

– L'affaire Cotine est réglée, ma chérie, triomphe Marc.

– Bravo ! Et Monsieur le commissaire ne s'intéresse pas à ce que j'ai fait pendant ce temps ? demande ironiquement Patience.

Marc s'assied et remonte ses chaussettes aux motifs de Falbala et Obélix. Il embrasse Patience et dit :

– Mais tu as pensé tout le temps à moi, voilà ce que tu as fait. Je le sais, je n'ai pas besoin de te le demander !

– Exactement, j'ai autant pensé à toi que toi à moi, commissaire macho ! dit la charmante Patience, qui remet sa vidéo en marche.

Activités

Avant la lecture

1. Êtes-vous déjà allé(e) à Paris ? Avez-vous visité la tour Eiffel ?
   Racontez.

2. Regardez la couverture. Faites des hypothèses sur l'histoire à
   partir du titre et de l'illustration.

3. Feuilletez *(blättern Sie in)* votre livre. Observez les
   illustrations. Essayez de deviner ce qui se passe sans regarder
   le texte.

Chapitre I

1. Écoutez le chapitre 1 sans regarder dans votre livre.

   Puis cochez les bonnes réponses.
   Les deux personnes qui se téléphonent sont
   ☐ 2 hommes. ☐ 2 femmes. ☐ 1 homme et 1 femme.

   Le ton utilisé par ces personnes indique que leur relation est
   ☐ bonne ☐ mauvaise.

2. Écoutez le chapitre 1 une nouvelle fois et complétez vos réponses ci-dessus.

3. Lisez maintenant le chapitre 1.

   a) Complétez / corrigez vos réponses à la question 1.

   b) Complétez le schéma avec les mots ci-dessous.
      collègue   Richard   mari / femme

   ....
   Fleur   Mélanie Cotine

   b) Vrai ou faux ?
   Richard va quitter (*verlassen*) sa femme.   ☐ vrai ☐ faux

4. Imaginez : Vous êtes Fleur. Est-ce que vous acceptez la proposition de Mélanie ? Pourquoi (pas) ?

5. Même prononciation ou non ? Faites le test en 30 secondes.

			oui	non
a.	sec	sèche		
b.	collègue	collège		
c.	c'est	sait		
d.	marche	marché		
e.	assied	assoit		
f.	coût	coup		
g.	sur	sûr		
h.	(le) tour	(la) tour		
i.	l'heure	l'horreur		
j.	droit	droite		

6. Cherchez l'intrus.

– fleur, rose, iris, tomate, jasmin, azalée
– mari, femme, fils, fille, enfant, parent, ami.
– tour Eiffel, Futuroscope, Arc de triomphe, Notre-Dame, Grand Palais, palais de l'Elysée, musée du Louvre.
– bateau, canoë, kayak, yacht, paquebot, château.

Chapitre II

1. Lisez le chapitre 2. Vrai ou faux ?

   Fleur et Mélanie montent sur la tour Eiffel. ☐ vrai ☐ faux
   Soudain *(plötzlich)*, il fait tout noir. ☐ vrai ☐ faux
   À la fin, une des deux femmes a disparu. ☐ vrai ☐ faux

2. Écoutez maintenant le chapitre 2 et lisez-le en même temps.
   À votre avis, que s'est-il passé ? Faites des hypothèses.

3. Complétez la grille avec les mots qui correspondent aux
   définitions.

a)	10					2
b)	3	4	5	8		
c)	6		7			
d)				1		
e)				9	12	
f) P				13		
g)						
h)		11				

a) Fleur a du mal à respirer, elle ....
b) Contraire de noire, ...
c) Contraire du bruit, le ....
d) « Opium » est un .... de Yves Saint-Laurent.
e) On habite dans un appartement ou dans une ....
f) Un sujet et un verbe forment une ....
g) L'homme qui passe sent une drôle d' ....
h) Quand on crie, on pousse des ....

Inscrivez les lettres numérotées dans la grille et vous allez savoir qui est l'un des personnages centraux de cette histoire.

1	2	3	4	5	6	7		8	9	10	11	12	13

Chapitre III

1. Écoutez le chapitre 3. Vrai ou faux ?
   Quand le téléphone sonne,
   Marc Sétout est au bureau. ☐ vrai ☐ faux
   On appelle le commissaire parce
   qu'il y a deux cadavres *(Leiche)*. ☐ vrai ☐ faux

2. Écoutez le chapitre 3 une nouvelle fois et complétez vos réponses ci-dessus.

3. Lisez maintenant le chapitre 3.
   a) Si nécessaire, complétez ou corrigez vos réponses à l'activité 1.

   b) Mettez les phrases dans le bon ordre.
   – Il arrive sur les bords de la Seine.
   – Sétout déchiffre le nom et l'adresse de la morte.
   – Sétout apprend qu'un cadavre a été rejeté sur le quai.
   – Le commissaire prend le sac de la victime.
   – Sétout prend le métro.

   c) Complétez les notes du commissaire.
   – Sexe du cadavre :   – Âge :
   – Vêtements :   – Objet(s) :

   d) À votre avis, qui est la victime ? Pourquoi ?

Chapitre IV

1. Écoutez le chapitre 4. Cochez les bonnes réponses.
   Le commissaire va chez ☐ M. Cotine, le mari de Mélanie.
   ☐ M. Bon, le mari de Fleur.

   Quand le mari voit le cadavre de
   sa femme, il n'est pas triste. ☐ vrai ☐ faux

2. Écoutez le chapitre 3 une nouvelle fois et complétez vos réponses à l'activité 1.

3. Lisez maintenant le chapitre 3.

   a) Si nécessaire, complétez ou corrigez vos réponses à l'activité 1.

   b) Complétez.
   Qui est la victime ? C'est ....

   c) Vrai ou faux ?
   Johnny parle de sa femme au passé. ☐ vrai ☐ faux

   d) Complétez.
   Sur le papier trouvé dans le sac de la victime, il y a ....

   ....

4. Selon vous, la victime a-t-elle eu un accident ? Ou s'agit-il d'un crime ? Si oui, qui est le/la coupable *(Täter)* ?

5. Reliez les définitions à gauche au mot à droite qui correspond.

1) une personne qui est blessée ou tuée

a) une nouvelle

2) ce qui reste de quelqu'un qui est mort

b) une victime

3) un événement malheureux

c) un cadavre

4) se donner volontairement la mort

d) un accident

5) regarder avec attention

e) un couple

6) une information qu'on vient d'apprendre

f) se suicider

7) deux personnes mariées ou unies par les liens de l'amour

g) observer

8) quand on est triste ou malheureux, de l'eau sort des yeux

h) pleurer

Chapitre V

1. Écoutez le chapitre 5. Vrai ou faux ?
    Le commissaire parle avec Richard Bon. ☐ vrai ☐ faux
    À la fin, le commissaire a une idée. ☐ vrai ☐ faux

2. Écoutez le chapitre 5 une nouvelle fois et complétez vos réponses à l'activité 1.

3. Lisez maintenant le chapitre 5 et complétez vos réponses.

Chapitres I à V

Dans les chapitres I à V, vous faites la connaissance de plusieurs personnes. Que pouvez-vous dire d'elles ?

Fleur Bon	
Mélanie Cotine	
Johnny Cotine	
Marc Sétout	
Patience	

Chapitre VI

1. Lisez le chapitre 6. Vrai ou faux ?

   a) Le décès de Mme Cotine a dû
      se passer entre 10 h et 22 h 30. ☐ vrai ☐ faux

   b) Mme Cotine s'est noyée parce
      qu'elle ne savait pas nager. ☐ vrai ☐ faux

   c) Mme Bon et Mme Cotine se sont
      rencontrées samedi soir. ☐ vrai ☐ faux

   d) D'après Jean Tipote, Mme Bon a eu
      le motif le plus vraisemblable pour
      tuer sa rivale. ☐ vrai ☐ faux

   e) D'après le commissaire, d'autres
      recherches seront nécessaires pour
      trouver le meurtrier ou la meurtrière
      de Mme Cotine. ☐ vrai ☐ faux

2. Écoutez maintenant le chapitre 6 et lisez-le en même temps.

3. Trouvez un titre au chapitre 6.

Chapitre VII

1. Lisez le chapitre 7. Complétez la fiche sur Edmée Thadone.

Nom Surnom	
Âge	
Occupation	
Adresse	
Impression générale	☐ bonne ☐ mauvaise
Activités samedi	– – – –

2. Écoutez maintenant le chapitre 6 sans regarder dans votre livre.

3. Que pensez-vous d'E.T. ? Discutez.

Chapitre VIII

1. Écoutez le chapitre 8. Cochez les phrases correctes.

☐ Le commissaire Sétout sort un papier délavé de sa poche.
☐ Il se lève et regarde E.T. dans les yeux.
☐ « Vous connaissez cette enveloppe, n'est-ce pas ? » demande-t-il à E.T.
☐ E.T. n'est pas coupable.
☐ E.T. consomme de l'héroïne.
☐ E.T. parle des problèmes qu'il connaît à la maison.
☐ E.T. finit par dire la vérité.
☐ E.T. est tombé dans le piège du commissaire Sétout.

2. Écoutez le chapitre 5 une nouvelle fois et complétez vos réponses à l'activité 1.

3. Lisez maintenant le chapitre 5 et complétez vos réponses.

Chapitre IX

1. Lisez le chapitre 7. Retrouvez les erreurs qui se cachent dans le texte suivant et corrigez-les.

Ce samedi soir-là, E.T. se promène à l'Arc de triomphe.
E.T. se sent très malade. Il n'en peut plus.
E.T. n'a plus de crédit dans les pharmacies du quartier.
E.T. s'adresse à une femme qu'il ne connaît pas.
E.T. bat violemment la femme inconnue.
E.T. était tout à fait conscient de ce qu'il faisait.

2. Écoutez maintenant le chapitre 6.

Chapitres I à IX

Complétez la grille avec les mots qui correspondent aux définitions.

a)	M									
b)		E								
c)			U							
d)				R						
e)					T					
f)						R				
g)							I			
h)								E		
i)									R	
j)										S

a) Le sirop est un…, un comprimé est aussi un…
b) Personnage féminin des contes de Grimm en Allemagne et de Charles Perrault en France qui fait tout le travail pour ses méchantes demi-sœurs.
c) Les mauvais rêves s'appellent aussi des…
d) Il vend des pilules, du sirop, des comprimés. C'est un…
e) Sétout pose beaucoup de questions à E.T. : il le…
f) Pour faire un interrogatoire, il faut… les gens.
g) Fleur est de religion…
h) Quelqu'un qui a du talent est…
i) Des personnes qui agressent quelqu'un sont des…
j) On écrit des lettres, puis on les met dans des… avant de les poster.

Après la lecture

Vous êtes journaliste.
Écrivez un article sur
ce qui s'est passé au
bord de la Seine.

Liste des abréviations

≠	antonyme de
→	mot de la même famille
etw	etwas
f	féminin
fam	familier
jdm	jemandem
jdn	jemanden
m	masculin
mpl	masculin pluriel
qc	quelque chose
qn	quelqu'un